D1879407

चिराग़ खंडेलवाल

चिराग़ खंडेलवाल का जन्म 11 अगस्त, 1990 को बांदीकुई, राजस्थान में हुआ। उन्होंने हैदराबाद विश्वविद्यालय से परफ़ॉर्मिंग आर्ट्स (थियेटर) में डिज़ाइन और डायरेक्शन में विशेषज्ञता के साथ मास्टर डिग्री ली है। वे दो दशक से भी अधिक समय से थियेटर कर रहे हैं। डॉ. अनुराधा कपूर, राजीव वेलिचेटी, साबिर ख़ान, केरेन लिबमैन और मोहित ताकलकर जैसे ख्यात निर्देशकों के साथ काम कर चुके हैं। नाटक-लेखन और शिक्षण के साथ-साथ नाट्य कार्यशालाएँ भी आयोजित की हैं।

'एक ख़ून सौ बातें', 'एक अनसुनी बात', 'मिराज मेलोडीज़' और 'एक अधपका-सा नाटक' उनके चर्चित नाटक हैं। 'सेवेन अगेंस्ट थेब्स', 'टू द स्टार्स' और 'मीरा' सहित कई नाटकों का हिन्दी में अनुवाद भी किया है।

'हुँकारो' नाटक के लिए सर्वश्रेष्ठ ओरिजिनल स्क्रिप्ट के 'मेटा अवार्ड' (2023) से पुरस्कृत किये जा चुके हैं।

फ़िलहाल जयपुर के नाट्य-दल 'उजागर ड्रामेटिक एसोसिएशन' से बतौर लेखक, अभिनेता और प्रबन्धक जुड़कर कार्य कर रहे हैं।

ई-मेल : ckchiragkhandelwal@gmail.com

एक अधपका-सा नाटक

चिराग़ खंडेलवाल

राजकमल पेपरबैक्स

राजकमल पेपरबैक्स में
पहला संस्करण : 2023

राजकमल पेपरबैक्स : उत्कृष्ट साहित्य के जनसुलभ संस्करण

राजकमल प्रकाशन प्रा. लि.
1-बी, नेताजी सुभाष मार्ग, दरियागंज
नई दिल्ली–110 002
द्वारा प्रकाशित

शाखाएँ : अशोक राजपथ, साइंस कॉलेज के सामने, पटना-800 006
पहली मंज़िल, दरबारी बिल्डिंग, महात्मा गांधी मार्ग, प्रयागराज-211 001
1, अनमोल सोराबजी संतुक लेन, धोबी तलाव, मरीन लाइंस, मुम्बई-400 002

वेबसाइट : www.rajkamalprakashan.com
ई-मेल : info@rajkamalprakashan.com

विकास कम्प्यूटर एंड प्रिंटर्स
ट्रॉनिका सिटी-201 102
द्वारा मुद्रित

मूल्य : ₹199

EK ADHPAKA SA NATAK
Play by Chirag Khandelwal

ISBN : 978-81-19835-70-6

प्रकाशकीय

नई रचनाशीलता को प्रोत्साहित करना और उसे पाठकों का बड़ा मंच उपलब्ध कराना राजकमल प्रकाशन समूह के प्राथमिक उद्देश्यों में रहा है जिनका निर्वाह हमने अपना दायित्व मानकर किया है।

'एक अधपका-सा नाटक', 'बागड़बिल्ला' और 'इमरोज़' शीर्षक तीन नाटकों का प्रकाशन इसी दिशा में उठाया गया एक अभिनव कदम है। इन तीनों नाटकों का चयन रंग-समूह 'संहिता मंच' की वार्षिक नाट्य-प्रतियोगिता के दौरान किया गया है जिसका उद्देश्य हिन्दी व अन्य भाषाओं के मौलिक नाट्य-लेखन को सामने लाना है। ऐसे समय जब विभिन्न मीडिया माध्यमों के आने के परिणामस्वरूप रंगमंच और नाटकों के अस्तित्व पर खतरा बताया जा रहा है, यह जानकर खुशी हुई कि इस प्रतियोगिता में डेढ़ सौ से ज़्यादा नए नाटक आए।

इन्हीं नाटकों में से लेखन-शैली, सामाजिक सरोकारों

और नाटकों की मंचीयता को ध्यान में रखते हुए तीन नाटकों का चयन प्रबुद्ध निर्णायक-मंडल ने किया।

जैसाकि पाठक जानते हैं, राजकमल प्रकाशन साहित्य की सभी विधाओं को बराबर सम्मान देते हुए हर विधा की पुस्तकों को प्रकाशित करता रहा है। प्रतिष्ठित नाटककारों के साथ हम नए नाटककारों को भी अपने सूचीपत्र में शामिल करते रहे हैं।

'संहिता मंच' द्वारा चयनित नए नाटककारों के इन नाटकों को प्रकाशित करने के निर्णय के पीछे हमारा उद्देश्य न सिर्फ़ रंगमंच के क्षेत्र में नई रचनाशीलता को रेखांकित करना है, बल्कि पाठकों, रंग-निर्देशकों और अन्य रंगकर्मियों के सम्मुख उसे पहुँचाना भी है।

आशा है, आपको यह पहल स्वागत-योग्य लगेगी।

नाटक नहीं मरेगा

आए दिन यह शोर मचता है कि नाटक मर रहा है! अरसे से हम सुनते आए हैं कि सिनेमा आ गया इसलिए नाटक मर रहा है; टीवी आ गया इसलिए अब रंगमंच की मौत तय है; और अब सुन रहे हैं कि वेब सीरीज़ के आगमन के बाद नाटक के धन्धे को बन्द होने से कोई नहीं रोक सकता! क्या वाकई ऐसा होने वाला है? क्या वाकई नाटक समाप्त हो जाएगा? *संहिता मंच* की नाटक-प्रतियोगिता की घोषणा करते हुए हर बार ऐसा लगता है कि इतनी भविष्यवाणियाँ हो रही हैं, तो सही ही होंगी लेकिन प्रतियोगिता के लिए नाटकों की झड़ी लग जाती है...

संहिता मंच के लिए नाटक सम्पादित करना हमेशा से ही मेरा पसन्दीदा शग़ल रहा है। निर्णायक-मंडल के पास तो हम चुने हुए नाटक भेजते हैं। उससे पहले ग्रुप के हम सदस्य मिलकर, आई हुई प्रविष्टियों से चुनकर नाटकों की एक संक्षिप्त सूची बनाते हैं। इस बार हिन्दी, अंग्रेज़ी और

मराठी, इन तीनों भाषाओं में कुल मिलाकर 170 नाटक आए। उनमें से अन्तिम तौर पर पाँच नाटक चुने गए। यह पूरी प्रक्रिया बताना ज़रूरी है। हम कैसा काम कर रहे हैं, सिर्फ़ यह बताने के लिए ही नहीं, बल्कि अपने रंगमंच-जगत को व्यापक तौर पर समझने के लिए भी कि अभी के नाटककार कौन हैं, वे कैसा लिख रहे हैं, वे क्या कहना चाहते हैं, वे क्या कर रहे हैं, आदि-आदि।

रंगमंच में नया कुछ नहीं लिखा जा रहा है, ऐसा हल्ला तो काफ़ी सालों से मच रहा है, लेकिन हमारा अपना अनुभव बतलाता है—हमारी कम पहुँच के बावजूद—कि हर साल काफ़ी नये नाटक आते हैं।

यहाँ 'नया' शब्द पर थोड़ा विचार करने की ज़रूरत है। इस उत्तर-आधुनिक (?) युग में नया तो कुछ है ही नहीं, सारी बातें कही जा चुकी हैं, नया लिखने जैसा है ही क्या? और आसपास का माहौल देखें तो हर कोई हर वक़्त मोबाइल और तकनीकी और तमाम दुनियादारी में उलझा है। ऐसे में नया लिखा हुआ पढ़ेगा ही कौन? बेशक ऐसे सवाल आज के नाटककारों के सामने खड़े हैं और इन सवालों से उनका संघर्ष भी उनके नाटकों में साफ़-साफ़ दिखाई देता है। हमें जो प्रविष्टियाँ प्राप्त हुईं उनमें से ज़्यादातर नाटक, लेखन के पुराने, पारम्परिक ढर्रे पर चलने की कोशिश करते नज़र आए पर उनमें कभी कोई पात्र तो कभी कोई प्रसंग बार-बार हमारे वर्तमान की गुत्थियों की

गवाही देता दिखा। अमूमन नाटकों के विषय स्त्री-केन्द्रित थे, लेकिन इतने नाटकों में स्त्री नाटककार बिलकुल उँगलियों पर गिन सकें, इतनी ही थीं! स्त्री-विमर्श के अलावा, जाति भेद, धार्मिक-साम्प्रदायिक तनाव जैसे विषय बार-बार दिखे। लेकिन ज़्यादातर नाटककार जहाँ फँस रहे थे, या यूँ कहिए अटक रहे थे वह चीज़ थी नाटक का फ़ॉर्म, या आकृतिबन्ध। तीन अंकों का ढाँचा, या यथार्थवादी नाटकों का घर के सेट में क़ैद रहना, या यथार्थवादी ढंग के अलावा नाटक किसी और प्रकार से भी खेला जा सकता है, इस सम्भावना की खोज के प्रति उदासीन रहना ज़्यादातर नाटकों को निष्प्रभ कर दे रहा था। स्पष्ट कर दूँ कि यह बात मैं उन सौ नाटकों के आधार पर कह रही हूँ, जिन्हें मैंने इस साल पढ़ा।

हिन्दी श्रेणी में इस साल दो नाटक चुने गए—पहला, 'एक अधपका-सा नाटक' और दूसरा 'बागड़बिल्ला'। 'एक अधपका-सा नाटक', जो आपके हाथ में है, इसके लेखक चिराग़ खंडेलवाल ने इसे जिस प्रकार लिखा है, उसमें मौजूदा दौर का बेतुकापन, विवेकहीनता और विसंगति प्रभावी तरीक़े से स्पष्ट हुई है। चार कलाकार हैं, और हर कोई, एक शब्द या एक अधूरे या पूरे वाक्य में बात आगे ले जाने की कोशिश कर रहा है। ये जो चार पात्र हैं, वे भी असल में कलाकार हैं। नाटक ऐब्सर्ड है, समकालीन है और इसमें कलाकार किन विषयों पर बात कर रहे हैं, किन विषयों पर बात नहीं कर पा रहे, या नहीं कर रहे, यह देखना बहुत रोचक है। जहाँ

तक इस नाटक के फॉर्म की बात है तो नाटक में कोई बहुत नई नाट्य-युक्ति नहीं है, पर जिस तरह 'एक अधपका-सा नाटक' में कलाकार एक-एक शब्द में अपनी बात रख रहे हैं, उससे एक नयापन इस नाटक को हासिल हो जाता है।

हिन्दी श्रेणी में पुरस्कृत दूसरे नाटक, 'बागड़बिल्ला' में धारावी की बस्ती में रहने वाले कुछ लड़कों की कहानी सुनाते हुए, नाटककार ओंकार धाग हमें उनकी ज़िन्दगी से रू-ब-रू कराते हैं, साथ ही उन मसलों, बातों से भी जो उनके मस्तिष्क में चल रहे हैं! अकसर ग़रीब आदमी की ग़रीबी ही देखी जाती है; जब भी उसके बारे में लिखा जाता है तो भूख, अभाव की ज़िन्दगी, ज़्यादा से ज़्यादा उसकी नैतिकता—इन्हीं चीज़ों के बारे में लिखा गया है। इस वर्गीय समीकरण में अवसाद या डिप्रेशन और मूलत: मानसिक आरोग्य कैसे-कहाँ शामिल होता है यह 'बागड़बिल्ला' में बड़े संवेदनशील तरीक़े से दिखाया गया है।

हिन्दी में नये नाटकों की संख्या निरन्तर बढ़े, इसलिए संहिता मंच में हम हमेशा बाक़ी भाषाओं से भी उल्लेखनीय नाटकों को चुनकर अनूदित और प्रकाशित करने लायक नाटक चुनकर उनके पक्ष में रहे हैं। इस साल का पुरस्कृत मराठी नाटक, 'ग्रहन' (घे दान सोडव गिऱ्हाण) अनुवाद करने के लिहाज़ से बहुत मुश्किल नाटक था। इसके नाटककार राजकुमार तांगडे, मराठी में प्रयोगशील नाटक लिखने के लिए जाने जाते हैं पर उनकी आजीविका का

साधन है खेती! 'ग्रहन' में उन्होंने किसानों की आत्महत्या का सवाल जिस संवेदनशीलता के साथ उठाया है, और उस पर 'ब्लैक कॉमेडी' का रंग चढ़ाया है, वह बेजोड़ है। नाटक में कहावतें, संवाद का रूप लेकर बहुत सहजता से आती हैं। जहाँ एक तरफ़ किसानों का देवता म्हसोबा किसान को आत्महत्या करने से रोकने की कोशिश कर रहा है, वहीं दूसरी तरफ़ उसी के खेत का काकभगोड़ा वर्तमान व्यवस्था का दलाल बन उसे आत्महत्या करने के लिए उकसा रहा है। यह नाटक हिन्दी में भी उतना ही प्रभावी और प्रासंगिक है, क्योंकि किसान चाहे महाराष्ट्र का हो या उत्तर प्रदेश का, उनकी मूलभूत समस्या बदलती नहीं है।

इस वर्ष अंग्रेज़ी श्रेणी में इस वर्ष 'एग्जिट वुण्ड्स' पुरस्कृत हुआ जिसके लेखक हैं चेन्नई के वी. बालाकृष्णन। इसमें अस्पताल के आईसीयू के बाहर रुके लोग हैं जो अपनी, और जो आईसीयू में भर्ती हैं, उनकी कहानी सुना रहे हैं। ये कहानियाँ कभी एक-दूसरे के साथ चलती हैं, कभी कोई एक आगे निकल जाती है, तो कोई दूसरी पीछे छूट जाती है, जीवन ही की तरह...सबके अपने-अपने ज़ख़्म हैं और अपने-अपने दर्द...कुछ ठीक होंगे, कुछ नहीं। लेकिन कुछ दर्द शरीर से बाहर निकलते हुए भी ज़ख़्म ही दे जाते हैं। इस नाटक का हिन्दी अनुवाद सिद्धार्थ मिश्रा ने किया है, जो मुम्बई में अपने वेब सीरीज़ लेखन के लिए जाने जाते हैं।

पुरस्कार की हद से परे जाकर इस बार हमने एक और हिन्दी नाटक को चुना—जिसको लिखा है कुनाल हृदय ने। निर्णायक-मंडल को हालाँकि दो ही नाटक चुनने थे और दो नाटक चुने जा चुके थे, लेकिन अमृता प्रीतम और इमरोज़ की कहानी हर बार लुभाती ही है! राजकमल प्रकाशन समूह की ओर से निर्णय प्रक्रिया में जुड़े धर्मेन्द्र सुशान्त ने ये तजवीज़ निकाली कि पुरस्कार के लिए दो ही नाटक भले चुने जाएँ पर 'इमरोज़' को भी पाठकों-दर्शकों के समक्ष रखना चाहिए। वास्तव में अमृता-इमरोज़ के जीवन से जुड़ी कृतियों में नायिका के तौर पर हमेशा अमृता ही उभरकर आई हैं, और इमरोज़ को सहयोगी किरदार के तौर पर देखा गया है पर इस नाटक के नायक इमरोज़ हैं! और इतने लुभावने, स्त्रीवादी (फ़ेमिनिस्ट) इमरोज़ को पाठकों से कैसे दूर रखा जाए!

नाटक प्रकाशित होते हैं, ताकि उन्हें कोई खेल पाए, पर नाटकों का अपना एक साहित्यिक मूल्य भी होता है। पिछले कुछ सालों से हम निरन्तर यह प्रयास कर रहे हैं कि नये नाटक लिखे जाएँ, वे प्रकाशित हों और अधिक-से-अधिक दर्शकों-पाठकों तक पहुँचें। इस साल राजकमल प्रकाशन समूह के अलिन्द महेश्वरी को मैंने जब पहला मेसेज किया, (क्योंकि मेरे पास उनका नम्बर था, और कृष्णा सोबती की 'ऐ लड़की' पर नाटक तैयार करते हुए, उनसे एक बार बात हुई थी! पर मैं बड़ी ढीठ हूँ...) और उन्होंने

तुरन्त उत्तर दिया, जोश के साथ मित्रता का हाथ बढ़ाया। उनका आभार मैं कैसे जताऊँ यह समझ नहीं आ रहा। नये लेखकों से प्यार करने वाला ऐसा प्रकाशक हमेशा साथ रहे ऐसी उम्मीद करती हूँ। राजकमल प्रकाशन समूह की ओर से धर्मेन्द्र सुशान्त ने सम्पादन में बहुत साथ दिया है। सिद्धार्थ मिश्रा हमारे अपने हैं, पर अंग्रेज़ी नाटक का अनुवाद, और वह भी इतने कम समय में उन्होंने किया इसके लिए उनका आभार माने बिना आगे नहीं बढ़ा जा सकता। हमारे समूह के रॉबिन और पूर्वा के बिना भी ये सारे काम इतनी जल्दी सम्भव नहीं हो सकते थे। इन सबकी मैं आभारी हूँ, साथ ही उन एक सौ सत्तर नाटककारों का भी शुक्रिया जिन्होंने यह उम्मीद दी है कि नाटक नहीं मरेगा!

—रसिका अगाशे

एक अधपका-सा नाटक

पात्र

कलाकार 1

कलाकार 2

कलाकार 3

कलाकार 4

अब्बू

जुनैद

रघु

अम्मी

[मंच पर नाटक के भीतर नाटक चलता है। संवाद इस प्रकार से लिखे गए हैं कि अभिनेता और नाटक-मंडली उन्हें अपने हिसाब से बाँट सकते हैं। एक वाक्य एक अभिनेता बोलेगा और अगला वाक्य दूसरा अभिनेता। इसमें किसी भी प्रकार का बदलाव सम्भव है।

जहाँ किरदार बाँटे हुए हैं वहाँ वही अभिनेता बोलेगा।]

[अन्धकार]

[मंच पर प्रकाश आता है।]

[कलाकार 1, 2, 3 और 4 मंच पर हैं। बस

एकटक दर्शकों को देखे जा रहे हैं। वे इतनी देर तक इसी मुद्रा में देखते रहते हैं कि असहज महसूस होने लगता है। तभी...]

कलाकार 1 : अरे, आ गए ये तो

कलाकार 2 : आ तो गए हैं

कलाकार 3 : तो नाटक भी देखेंगे ही

कलाकार 4 : हाँ, टिकट लिया है तो देखेंगे ही

कलाकार 1 : कुछ है

कलाकार 2 : बेंसन लाइट इंडियन

कलाकार 1 : अरे!!

कलाकार 3 : ये कह रहा है दिखाने को कुछ है क्या

कलाकार 4 : नहीं, कुछ भी नहीं।

कलाकार 1 : कुछ भी नहीं किया है हमने

कलाकार 3 : ढंग की स्क्रिप्ट के इन्तज़ार में ही रह गए

कलाकार 2 : सोचा था, कुछ कमाल ही बना देंगे।

कलाकार 4 : शुरू ही नहीं किया

कलाकार 3 : और बस बैठे हैं तब से।

: ऐसे ही। उदास। निराश। इन्तज़ार में।

कलाकार 1 : इन्तज़ार और हम चार

कलाकार 2 : समझा?

कलाकार 3 : क्या?

कलाकार 4 : 'वेटिंग फॉर गोदो' कर देते हैं

कलाकार 2 : अरे, तू रहने दे यार

कलाकार 1 : अरे, नये नाटकों का वक़्त है। कौन देखेगा वो नाटक

कलाकार 3 : अरे भाई तो नया क्या है अपने पास?

कलाकार 4 : कुछ नहीं। एक काम करते हैं। छोटे-छोटे शब्दों में, वाक्यों में बात कह देते हैं।

कलाकार 1 : कैसी बात?

कलाकार 2 : अरे, कहीं से शुरू करते हैं

कलाकार 4 : देखते हैं

कलाकार 1 : एक काम कर। चार माइक ले आ अन्दर से।

[अन्दर से चार माइक लाए जाते हैं। चारों माइक डाउन सेंटर में स्टैंड सहित लगा दिए जाते हैं।]

कलाकार 1 : जो दिमाग़ में आए वो बोलना

कलाकार 3 : चिन्ता नक्को

कलाकार 4 : हाँ

कलाकार 2 : ठीक

कलाकार 1 : आग कैसे लगी?

[सब उसकी तरफ़ देखते हैं]

कलाकार 4 : ठीक। अब सोचो मत

कलाकार 3 : करते चलो बस।

आग कैसे लगी?

लग गई

जैसे लगती है

(तीली जलाता है) ऐसे

कलाकार 2 : आग जलाना मना है बे स्टेज पे

बताऊँ क्या?

धीरे-धीरे

तुरन्त

मैंने नहीं लगाई

मैं बस देख रहा था

ग़लती से

छोड़ो अब

याद मत दिलाओ

ध्यान ही नहीं रहा

पता नहीं

किसने लगाई?

इसने

उसने

हमने

सबने

मैं तो बस देख रहा था

उन सबने

इन सबने

मैंने नहीं

पता नहीं

अपने आप लगी

उनके समाज ने

उनके लोगों ने

वीडियो में देख लो

मैंने बुझाई थी

उप्परवाले ने

भीड़ ने

लोगों ने

क्यों लगाई?

आग तो लगती ही है

बड़े का था

चपर-चपर कर रही थी

इतना ख़र्चा किया...कुछ तो मिले

चोरी की थी

शायद चोरी की थी

पर...वो तो मर गई थी

शायद चोरी करता

बीफ़

शायद चोर था

चोर था

हमें लगा चोर है

बड़े का...बीफ़ बोल

मांसाहार ग़लत है

पता नहीं

उन्होंने भी लगाई थी

कब लगाई थी

अभी कुछ साल पहले

बहुत सालों पहले

आज़ादी के टाइम

आज़ादी कब मिली ये तो याद नहीं

ज़रूरी था

ग़ुस्से में

मज़ाक़ में

डर में

मज़े-मज़े में

(चुप्पी)

बोला तो, मैंने नहीं लगाई

प्यार में...सच में

तब लगा ज़रूरी है

कब लगी

सुबह सात बजे

हर रोज़

उसने लगाई...दिल में

हड्डी दीखते ही

जब वो सो रहे थे

जब वो रो रही थी

करने के बाद

जब समझ आया

जब होश उड़ गए

याद नहीं

सीधा जलते हुए देखा मैंने

और

घासलेट

तेल

पेट्रोल

मट्टी का तेल

उसी की गाड़ी का पेट्रोल

सिलिंडर-विलिंडर

बन्दर जलता है...वैसी बदबू

बन्दर करंट से जला था

कलाकार 1 : कभी कोई आग नहीं लगी थी
कहीं कोई आग नहीं लगी थी
आग लगती ही नहीं है
आग जैसा कुछ नहीं होता

[कलाकार भूमिका निभाना छोड़ देते हैं]

कलाकार 2 : *(नक़ल उतारते हुए)* आग जैसा कुछ नहीं होता

कलाकार 3 : इससे कुछ हुआ तो नहीं।

कलाकार 4 : हाँ, क्या?

कलाकार 1 : मुझे लगा, हुआ

कलाकार 3 : मुझे नहीं लगा

कलाकार 2 : ये बात आगे कहाँ जाती?

कलाकार 1 : बोलते रहते तो कुछ हो जाता

कलाकार 4 : देखो यार

कलाकार 3 : नाटक ना, नाटक जैसा होना चाहिए।

कलाकार 2 : हाँ, मतलब ब्लॉकिंग वग़ैरह तो हो कम-से-कम

कलाकार 3 : सेट भी नहीं कर रहे हैं यूज़

कलाकार 4 : कैरेक्टर का भी कोई नाम नहीं।

कलाकार 1 : हाँ, पर पीटर ब्रूक ने बोला ना, एक एम्प्टी स्पेस में

एक आदमी आया, वो स्टेज भी हुआ, परफॉरमेंस भी हुई

कलाकार 2 : अबे रहने दे, ये तूने किसी रील में देखा होगा।

कलाकार 1 : यार, रील में ही हो भले, पर सच है ना

कलाकार 3 : यार, बाहर गाँव के लोगों की बात अलग है

कलाकार 2 : और अपनी अलग

कलाकार 4 : कुछ ऐसा बता, जो समझ आए

कलाकार 3 : वो वाला कर लें?

कलाकार 2 : चारों हैं ही अपन

कलाकार 4 : सेट, कैरेक्टर सब है उसमें

कलाकार 3 : तू बस टेबल-कुर्सी ले आ

कलाकार 2 : साउंड पे कोई है?

कलाकार 1 : नाटक है आज। कोई तो होगा।

[एक बहुत ही विचित्र हँसी स्पीकर से गूँज उठती है]

कलाकार 3 : समझ गए भाई। है। तू है।

कलाकार 4 : यार, अन्दर से कुछ ख़ास मिला नहीं

कलाकार 2 : अच्छी टेबल नहीं

कलाकार 4 : और कुर्सी भी नहीं

कलाकार 2 : जो है उसी में करें?

कलाकार 3 : हाँ

[अब अन्दर से एक टूटी-सी निचली स्टूल और टायर के मुड्डे लाए जाते हैं।]

कलाकार 2 : लोकेशन तो अभी भी क्लियर नहीं हो पाएगी

कलाकार 4 : *(दर्शकों से)* ये फ़ायर ब्रिगेड का दफ़्तर है।

कलाकार 2 : जो नहीं हो। माइम करना।

कलाकार 1 : शुरू करें?

कलाकार 2 : यार...स्क्रिप्टें हाथ में ले लें?

कलाकार 3 : ले लो।

: रात का वक़्त। जगह से पता चलता है कि यह फ़ायर ब्रिगेड का ऑफ़िस है। कुछ लोग टेबल पर बैठे ताश खेल रहे हैं। कोने में, अलमारी में उनकी वर्दियाँ रखी हुई हैं। चीज़ों पर धूल जमी हुई है।

कलाकार 4 : अरे? ये भी पढ़ दिया तूने

कलाकार 1 : सॉरी

कलाकार 2 : ठीक। रोल में उतरो अब।

[वे पत्ते खेलना शुरू करते हैं]

1 : सुना तुमने

3 : क्या

1 : गुप्ता स्टोर वाले को उड़ा गया कोई...

4 : अपने सुरेश माट्साब के बेटे को?

2 : हाँ...पाँच लाख ले गया गल्ले से, कौन होगा?

1 : *(2 से)* अबे तू पत्ते पीसता ही रहेगा या बाँटेगा भी।

(2, 4 की तरफ़ देखता है) तभी फ़ोन की घंटी बजती है।

[यहाँ फ़ोन की घंटी की जगह बिजली की गड़गड़ाहट सुनाई देती है]

(साउंड बूथ से आवाज़) यही था भाई।

[3 फ़ोन के सबसे नज़दीक है। वह फुर्ती से फ़ोन उठाता है। बाक़ी सब भी चौकस हो जाते हैं।]

हाँ...कहाँ 25/-हम्म...निचली मंज़िल...हम्म्म... हम्म...अभी आए।

[जितनी देर वो फ़ोन पर है, बाक़ी सब अलमारी से वर्दी निकालकर पहनने लगते हैं। वर्दियाँ धूल-धूसरित हैं। मुड़ता है। सबको देखता है और चौंक जाता है।]

3 : ये क्या कर रहे हो?

[सब अचम्भे में हैं]

1 : हमें लगा आग लग...

3 : *(हँसते हुए)* नहीं सर...वो शुक्ला जी के मकान का मुहूर्त था ना। उसके चक्कर में फ़ोन आया है।

4 : लो...हम सब तो रेडी...

1 : छोड़ो यार। ये राउंड पूरा कर लेते हैं।

[सब वापस टेबल पे बैठते हैं]

4 : बाईस महीनों में पहली बार होता ये...

1 : वैसे कौन से शुक्ला जी थे ये

3 : आगरा फाटक वाले।

4 : उनका घर तो राजगढ़ पुलिया के नीचे है

2 : कोई नया घर ले रहे होंगे...

1 : मुश्किल है...

4 : मुश्किल तो है...नया मकान इस उम्र में

(3 पत्ता फेंकता है)

1 : तुमने दुग्गी चली है?

2 : ओ! हम तो जीत गए...

1 : फ़ोन किसका था??

3 : शुक्ला का

1 : और सोच लो...

3 : बोला तो शुक्ला का...

1 : *(2 से)* छत पर जाओ...देख के आओ

2 : देखना क्या है??

1 : पता चल जाएगा...

4 : हो क्या रहा है?

1 : *(2 से)* जाओ तुम! अभी।

[2 उठने लगता है। 3 टेबल पर हाथ मारते हुए कहता है]

3 : किसी को कहीं जाने की ज़रूरत नहीं है।

4 : *(3 से)* भाईसाब, बात बता दो यार

2 : कैसा भी मसला है, बोल दो

1 : हम सब साथ हैं...बोलो।

[3 एक बार सबकी आँखों में देखता है]

3 : 25/5 दुर्गापुरा

[1 फुर्ती से कुर्सी से उठता है। 2 और 4 भी वर्दियों की तरफ़ लपकते हैं]

1 : ये बात पहले क्यों नहीं बताई?

3 : क्योंकि कोई कहीं नहीं जा रहा।

4 : भाईसाब...कैसी बातें कर रहे हो?

2 : *(3 से)* चलो आप भी।

3 : रावत की कोठी वो

[एक पल के लिए सब ठिठक जाते हैं। 1 अब पूरी तरह तैयार है]

4 : रावत-चावत कोई भी हो। हमें क्या...

3 : *(टेबल से अख़बार उठाकर 4 के पैरों की तरफ़ फेंकते हुए)* ये रावत...ये भोसड़ी का पनवाड़ी कल मारा जिसके गुर्गों ने गुप्ता को

[2 के चेहरे का रंग बदल जाता है]

2 : ये वो रावत है।

1 : तुम दोनों पागल हो क्या?

4 : दुनिया का कोई सा भी रावत हो। हमें क्या?

2 : रावत के सारे गुर्गे पड़े रहते हैं वहाँ...

1 : गुर्गे-मुर्गे...सबको बचाना काम है अपना।

3 : जिन्होंने एक मर्डर कर दिया। उनको बचाएँ?

4 : सबूत क्या है?

3 : बैरिस्टर हो क्या तुम!!!

2 : अगर वो नहीं हुआ तो कोई और हराम का पिल्ला होगा वहाँ।

1 : वो सब हमारा काम नहीं है।

3 : समझिए भगवान ने एक मौक़ा दिया है...

4 : कैसा मौक़ा...

2 : शहर को बचाने का...

1 : पुलिस क्यों है फिर

3 : हम बस देखते रहें?

1 : नहीं। देखते मत रहो...चलो और लोगों को बचाओ...

3 : आपको जाना है तो जाओ...*(2 को देखकर)* हम दोनों तो यहीं हैं।

4 : लेकिन ये दो आदमियों का काम है क्या...

2 : ज़्यादा दिक़्क़त है तो रुक जाओ...

1 : रुक जाओ, मतलब?

2 : सात मिनट हैं शिफ़्ट बदलने में...

1 : *(2 से)* कितने साल हुए हैं तुमको

2 : जी?

1 : मैंने पूछा कितने साल हुए...

2 : आठ

1 : आठ साल में ये नहीं सीख पाए कि एक-एक मिनट कितना क़ीमती...लीव इट इट, इज़ ऐन ऑर्डर यहाँ का सीनियर मोस्ट अफ़सर होने के नाते...

2 : सर, आपको जुम्मा-जुम्मा कुछ वक़्त हुआ है... आपके पुरखों का काम तो नहीं था न अफ़सरी...

4 : तुम कह क्या रहे हो?

3 : क्यों मुँह खुलवाते हो यार

1 : नहीं...टेल मी...क्या है...

2 : कुछ नहीं...

1 : गुड...तो चलो...

2 : रुकिए...*(अलमारी से नक़्शा निकालकर टेबल पर रखता है।)* रावत की कोठी के आस-पास कुछ है ही नहीं ऐसा ख़ास...आग नहीं लगेगी...

1 : भेनचोद...पागल हो क्या तुम सब, आग क्या तुझे बता के लगेगी...

2 : नहीं...साले, चमार के चोदे तुझे बता के लगेगी...

3 : कैसे मर रहा है अपनी जात वालों को बचाने के लिए

4 : तू कैसे बात कर रहा है इनसे...

3 : साले...तेरा तो सीनियर हूँ...

4 : पर जात का तो नीचा है...

2 : पर मुझसे तो ऊँचा नहीं है ना। *(1 की तरफ़ इशारा करके)* पानी मँगाता है ये मुझसे!! मुझसे!!! साले के पुरखे हमारे सामने से नहीं गुज़रते थे। मन तो करता है मूत पिला दूँ साले को।

3 : *(4 से)* इतने अच्छे घर में जन्मा है तू इस एससी का साथ देने में शर्म नहीं आती...

(1 कुर्सी पर बैठ जाता है, सबका ध्यान उसकी तरफ़ जाता है।)

1 : हम, हम सब रावत को क्यों नहीं बचा रहे क्योंकि वो नीची जात का है...या...वो एक बुरा आदमी है...या फिर इसलिए क्योंकि मैं नीची जात का हूँ?

[पीछे से फ़ोन की घंटी बजती है। 4 फ़ोन की तरफ़ बढ़ता है।]

3 : कोई हाथ नहीं लगाएगा फ़ोन को।

[कलाकार किरदार निभाना छोड़ देते हैं। पर इस बार थोड़ा वक़्त लेते हैं]

कलाकार 1 : ये थोड़ा अजीब हुआ ना

कलाकार 4 : हाँ, इंटेंस

कलाकार 1 : नहीं, वो नहीं।

कलाकार 4 : मतलब ये कि ऊँची जात के लोग नीची जात के लोगों को कभी जात से आगे देख ही नहीं पाते। ऐसा दिखाया हमने।

कलाकार 2 : हाँ, ड्यूटी-व्यूटी भी भूल जाएँगे ऐसा

कलाकार 3 : ऐसा हुआ ही होगा ना कभी

कलाकार 4 : हाँ, पर ये भी तो हुआ होगा ना कि लोगों ने जात-धर्म भूल के मदद की हो लोगों की

कलाकार 1 : हाँ, मैं मना नहीं कर रहा पर उसमें ड्रामेटिक क्या हुआ

कलाकार 1 : यार, पर समझो तो सही

कलाकार 3 : ठीक है, बात है बस। छोड़ ना

कलाकार 4 : नहीं, पर ये लोग जो देख रहे हैं कुछ तो इम्प्रैशन पड़ता है ना इन पर

कलाकार 2 : तो क्या करें?

कलाकार 1 : पता नहीं, कुछ और करो

कलाकार 4 : कुछ तो मीनिंगफुल

कलाकार 2 : ये नहीं था क्या मीनिंगफुल

कलाकार 3 : अरे, समझ ना

कलाकार 1 : ठीक। एक काम करते हैं। ये अगला ना तू बाहर से देख

कलाकार 4 : बाहर से क्यों

कलाकार 3 : अपने पास सिर्फ़ लघु नाटक हैं। जोड़-जोड़ के दिखाने हैं टाइम बढ़ाने को

कलाकार 1 : तो तू बाहर जा

कलाकार 2 : ठीक।

कलाकार 4 : कपड़े?

कलाकार 1 : जो मिलें वो पहन लो।

कलाकार 4 : मदर के रोल के लिए

कलाकार 2 : दुपट्टा सर पे।

कलाकार 1 : ये ब्रैकेट पढ़ दूँ ना

कलाकार 3 : हाँ, पढ़ देना। इजी रहता है।

कलाकार 2 : तैयार हो जाओ सब।

कलाकार 4 : हल्का-फुल्का एकदम।

कलाकार 4 : सुबह का वक़्त। एक सुविधा-सम्पन्न घर का मुख्य कमरा। अम्मी नमाज़ पढ़ रही हैं। हमें उनकी पीठ दिखाई देती है। अब्बू बाहर अख़बार पढ़ रहे हैं। जुनैद अन्दर तैयार हो रहा है।

अब्बू : जुनैद, इधर बैठ।

जुनैद : जी अब्बू

अब्बू : तुझे लगता है ठीक किया तूने?

जुनैद : किस बारे में अब्बू?

अब्बू : तुझे पता है...

जुनैद : ओह...इसमें ग़लत क्या है?

अब्बू : आबिदा...ज़रा इधर तो आना *(अम्मी भीतर से आती है। एक थाली में फली और चाकू है।)*

अब्बू : आपके साहबज़ादे पूछ रहे हैं...ग़लत क्या है?

अम्मी : बेटा। दुनिया क्या कहेगी?

जुनैद : दुनिया! इसमें दुनिया कहाँ से आई?

अब्बू : हम तो आए हैं ना दुनिया में

जुनैद : अब्बू...आप भी न बेसिर-पैर की बातें करते हो...

अम्मी : बेटा, तू ख़ुद सोच...

अब्बू : हाँ...सोच जुनैद अली बनके नहीं, इमाम साहब अब्बास अली बनके...

अम्मी : औरतें बात बनाएँगी...

रघु : किसको फ़ुर्सत पड़ी है बात बनाने की!!

अब्बू : तबरेज़ अंकल से बात करके देख ले...जो हो ऊपर-नीचे का...

अम्मी : बेटा...इक उम्र लगा के इज़्ज़त कमाई है हमने...और तू ये सब...

जुनैद : अम्मी!! तुम रहने दो, बात तो पता है नहीं तुमको, फली काटो ना, वो करो जो आता है।

अब्बू : कैसे बात कर रहा है रे अपनी अम्मी से? तबरेज़ की वाइफ़ ने सब बता दिया। इसको...सबको

जुनैद : यहाँ किसी के मन में कुछ रहता है या नहीं।

अब्बू : हम तो भैया पके आम हैं। अब टपके कि तब टपके। लेकिन जब तक हैं तब तक तो चैन से जीने दे।

अम्मी : ऊपर जाके क्या मुँह दिखाएँगे?

जुनैद : अम्मी, आप दोनों चाहते क्या हो?

अम्मी : बस ये कि तू ना...थोड़ा सोच-समझ...

अब्बू : जुनैद, तू मेरी सुन। तू मना कर इस टेंडर से।

जुनैद : मना कर दूँ!!!

अब्बू : हाँ, मना कर दे। जो होगा देख लेंगे।

जुनैद : पेनल्टी पता है अब्बू आपको??

अब्बू : हम्म्म, ढाई

जुनैद : ढाई क्या

अब्बू : ढाई करोड़

अम्मा : तो भर देंगे ना। भर देंगे ना?? ये मस्जिद में जितना डोनेशन आता है उससे तो हो ही जाएगा।

जुनैद : कैसी बकवास...

अब्बू : बकवास तू कर रहा है...राम जी का दिया सब कुछ है अपने पास...

जुनैद : हाँ, पर 10 करोड़ का टेंडर नहीं।

अब्बू : यह कोई ताजमहल खड़ा करने का टेंडर है क्या?

जुनैद : काम छोटा-बड़ा होता है क्या?

अम्मी : बेटा...बामन के घर में जन्मा है तू

जुनैद : आप लोग ना...

अब्बू : आप लोग ना। तू क्या चाहता है? चाहता क्या है तू? कल को मैं बाहर जाऊँ और लोग बोलें—"इमाम साहब...वो हमारी गटर बन्द है...जुनैद को भेज दीजिए।"

अम्मी : तू कोई भंगी है क्या जो नालियों की सफ़ाई करेगा?

रघु : मैं क्यों नालियों की सफ़ाई करूँगा?

अम्मा : तो ये सीवर क्लीनिंग का टेंडर लिया ही क्यों?

अब्बू : तू नहीं करेगा तो कौन करेगा? वो सब तो आई.ए.एस. बन गए हैं। और दो मरगिल्लों को रिज़र्वेशन। कहाँ

जाएँगे हम बनिए-बामनों के बच्चे?

कलाकार 1 : अरे, ये अब्बू बामन कैसे हो गए

कलाकार 2 : यार, ओरिजिनल स्क्रिप्ट ऐसी ही है

कलाकार 4 : हमें लगा तुझे पिछली बार प्रॉब्लम हुई इसलिए

कलाकार 1 : गधे ही हो क्या तुम सब?

कलाकार 4 : ओरिजिनल कैरेक्टर्स क्या हैं?

कलाकार 3 : रघुनन्दन शर्मा, पंडित पुरुषोत्तम नारायण शर्मा और जानकी शर्मा, रघु, बाउजी और अम्मा

कलाकार 1 : सालो, ये सारे नाम रामायण से हैं

कलाकार 2 : तभी तो बदल दिया

कलाकार 4 : अरे, मैंने ये कहा क्या मुसलमानों को बुरा दिखाओ

कलाकार 1 : मैं कह रहा हूँ—ए प्ले नीड्स टु बी मोर दैन ऑल दिस। दिस इज ऑल सुपरफिशियल।

कलाकार 3 : नाटक जैसा नाटक कर तो रहे हैं। तेरे अलग आग मच रही है।

कलाकार 4 : छोड़ो। ये पूरा करो अब।

कलाकार 2 : जुनैद या रघु कैसे

कलाकार 1 : अरे जुनैद हो या रघु, अब क्या ही फ़र्क़ पड़ेगा

कलाकार 2 : ठीक

कलाकार 1 : एक लाइन पीछे से लेना

अब्बू : तू नहीं करेगा तो कौन करेगा? वो सब तो आई.ए.एस. बन गए हैं। और दो मरगिल्लों को रिज़र्वेशन। कहाँ जाएँगे हम बनिए-बामनों के बच्चे?

जुनैद : अब्बू...मुझे टेंडर मिला है पर मुझे बस ऑफ़िस में बैठना है। आप भी ना

अम्मी : पैसे-वैसे का हिसाब...

रघु : मेरे मातहत जो होगा देख लेगा...

अब्बू : मशीनें महँगी पड़ेंगी...

रघु : आदमी लोग उतरेंगे फिर...

अम्मा : सरकार तो मना कर दी गटर में उतारने से...

रघु : अब जिसका काम ही नाली में उतरना है उसको सरकार भी क्या रोकेगी...

अब्बू : कोई मर-वर गया तो?

रघु : मरेगा क्यों...

अब्बू : अरे, ये साले मुआवज़े के लिए जान दे देते हैं। तुझे पता नहीं है, इनका परिवार बोलेगा, "जी, ये तो गैस से मर गए।" रोज़ नहीं रहती क्या गैस जो आज ही मरा।

रघु : तो दे देंगे मुआवज़ा।

अम्मी : घर जाके?

रघु : नहीं अम्मी। उसके लिए भी लोग हैं।

अब्बू : पुलिस का चक्कर?

जुनैद : अब्बू...ये ठुल्लों को नहीं पता क्या मैं पंडित जी का बेटा हूँ...और हाँ, आपके गुप्ता जी ने भी भरा है टेंडर।

[चुप्पी]

तबरेज़ अंकल ने भी।

अब्बू : हम्म। कट-कटा के कितने मिलेंगे तुझे?

जुनैद : जी। सात...

अब्बू : हम्म। जा।

[जुनैद जाता है।]

अब्बू : सात...

अम्मी : आप इसकी बातों में मत...

अब्बू : तुम फली काटो ना जानकी।

[अम्मी चुपचाप फली काटती है।]

[पीछे ये गाना चलता है...देखो आसमाँ में खिलकर सूरज निकल रहा है...मेरा देश बदल रहा है।]

कलाकार 4 : हुआ ये चंक भी?

कलाकार 1 : हाँ, हो ही गया।

कलाकार 2 : अब?

कलाकार 3 : अब क्या?

कलाकार 1 : हिन्दू-मुस्लिम, जात-पाँत इसके आगे होगा कुछ!!!

कलाकार 4 : मेजर प्रॉब्लम्स हैं ये

कलाकार 1 : पानी की कमी भी मेजर प्रॉब्लम है

कलाकार 2 : उस पर भी लिखा है एक नाटक

कलाकार 3 : वो कर दें

कलाकार 4 : वो बच्चों का है

सभी : शिट!

कलाकार 4 : यार, व्हाट अबाउट आवर लीडर्स, कैपिटलिज़्म, सेल ऑफ़ पीएसयूज?

कलाकार 1 : उस पर क्या करें? बोल तो दिया तूने सब।

कलाकार 2 : तो थोड़ा दबा-छिपा करो

कलाकार 3 : वाह। मतलब दिमाग़ लगा के बनाओ।

कलाकार 1 : मतलब कहो सब पर कहो नहीं

कलाकार 2 : मुझे नहीं आता ये सब

कलाकार 3 : मैं भी बोर हो गया

कलाकार 4 : लेट मी लीड देन

एक आदमी सड़क पर मर गया।

कैसे मरा

मर गया बस ऐसे ही

ऐसे ही तो कोई नहीं मरता

वो तो मरा ना

उसके मरने की बात क्यों करें?

किसी के भी मरने की बात क्यों करें?

अरे, हम बात ही क्यों करें?

तो?

तो कुछ नहीं

कुछ भी नहीं

आगे?

आगे क्या??

एक आदमी सड़क पर मर गया।

हाँ, सुन लिया

मैंने भी

एक्चुअली हम सबने

सरकार ने कहा है

बात करने को?

अरे वो तो...

वो तो क्या

करनी पड़ेगी ना

क्यों

इन्होंने टिकट लिया है

दर्शकगण नाटक देखेंगे

तुम ना नुक्कड़ बना दो इसको

चुप भी करो

हाँ, तो सरकार ने कहा है

सब चंगा सी

यार प्लीज़, यार

ये नहीं यार

इतना डायरेक्ट

इतना सीधा-सपाट

तुम अभी इसको सच में नुक्कड़ बना दोगे

बाक़ी सब भी तो ऐसा ही है

नहीं है

सोच लो और

कलाकार 4 : एक सेकंड। रुको ज़रा। आगे क्या है

कलाकार 1 : हम बोलेंगे कि गुजरात में क्या हुआ, पन्द्रह लाख आए या नहीं, कौन कितना ट्रेवल कर रहा है, एक-दो श्लोक जो ग़लत बोले उन्होंने, जेएनयू, भगवन भक्त।

और ख़तम कहाँ हो रहा है ये सेक्शन

हममें से एक चिल्लाएगा कि बात उस मरे हुए आदमी से शुरू हुई थी, उसका क्या हुआ?

तो कोई बोलेगा वो इम्पॉर्टेंट नहीं है सरकार इम्पॉर्टेंट है।

हाउ प्रेडिक्टेबल

अरे, पॉलिटिकल स्टेटमेंट्स से भरे नाटक ऐसे ही होते हैं।

बैठा नहीं मेरे तो

कलाकार 1 : अरे भाई, तो करें क्या

कलाकार 4 : तुझे चाहिए क्या

ये मोद...पॉलिटिक्स वाला ही करते हैं

कलाकार 3 : ये लोग जूते मारेंगे

कलाकार 4 : अरे, इतनी देर से बैठे हैं। अब क्या ही मारेंगे

सो गए होंगे

कुछ तो इंस्टा चला रहे हैं

सुनो। ना तो तुम इस सेक्शन में कुछ नया कह रहे हो, ना ही नये तरीक़े से कह रहे हो

पॉलिटिक्स पे बात होनी चाहिए पर

आख़िरी बार वोट कब डाला तुमने

वो कहाँ से आया इन सबमें?

वैसे इंडिविजुअल की पॉलिटिक्स का क्या

क्या क्या?

उस पर बात कर लो

वो वाला सेक्शन करें?

हद्द है यार। तुम्हारी टोका-टाकी ही ख़त्म नहीं हो रही

करो। वो कर लो

वो हर रात ऑफ़िस से घर आता

अपना लैपटॉप चालू करता

देखता कुछ नहीं लैपटॉप पर

रील्स देखता फ़ोन पर

रील्स और लैपटॉप जब उसको खा जाते

ढंग से चबा जाते

तो बचे-खुचे 'वो' को थूक देते

बचा-खुचा वो सो जाता

अगली सुबह उठकर ऑफ़िस चला जाता

उसे ऐसे ही चोट लग गई थी

खरोंच जैसी

ध्यान देने जैसी कोई बात नहीं थी

कैसे लगी

पता नहीं

हर सुबह जब वो उठता

कुल 16 बार स्नूज़ का बटन दब चुका होता था

सोलहवीं बार पर जो वक़्त था

वो उसका अलार्म कभी नहीं लगाता

क्योंकि 16 बार स्नूज करना ज़रूरी था

और लेट होना मना था

वो फ़ोन में गाने चला देता था

गानों में एड नहीं आते थे

प्रीमियम था सब कुछ

गानों में बीट थी

थिरकन थी

उसमें नहीं थी

गीज़र चालू था

आज उसने पहली बार सोचा

ये गीज़र इतना गर्म पानी रखता है ख़ुद में

फटता क्यों नहीं है

फ़िजिक्स वाले जवाब उसको पता थे।

वो किसी और जवाब की तलाश में था...

नहाते-नहाते उसकी नज़र आईने पर पड़ी

वो भी सालों से ग़ुस्सा था ख़ुद पर

क्यों? पता नहीं

पर फटा तो वो भी नहीं था

वो भी एक गीज़र था

रास्ते में ट्रैफ़िक था

पूरे शहर में ट्रैफ़िक था

गाड़ियाँ रुकी हुईं

अटकी हुई एक जगह

इन्तज़ार

उसके मन में कुछ था

रुका हुआ

अटका हुआ

उसके मन में ट्रैफ़िक था

ऑफ़िस में वो काम करता था

काम करता था

काम करता था

लंच ब्रेक में काम करता था

देर रात तक काम करता था

उसे काम करना कैसा लगता था

ये सोचने के बजाय

वो काम करता रहता था

एक लड़की मिली उसे

बम्बल हिन्ज टिंडर

कहाँ?

याद नहीं

किसी पार्टी में शायद

दोनों साथ सोये

वो सब कुछ कैसा था

ये सोचने की बजाय

वो वो सब भी

काम की तरह करता रहा

एक गिटार था कोने में

वो नहीं बजाता था

इबे ओएलएक्स

कहीं बेचना चाहता था

वो गिटार से डरता था

गिटार इलेक्ट्रिक नहीं था

पर उसके तारों में करंट था

वो छू लेता तो मर सकता था

हर शुक्रवार वो साँस लेता था

ऑफ़िस के दोस्तों के साथ

शाम को ऑफ़िस के बाद

शनिवार को वो पार्टी करता था

रविवार दोपहर से

उसको साँस आना बन्द होने लगती थी

उसका एक बॉस था

वो उसको 'सर' बुलाता था

मन ही मन उसने

कई बार 'सर' का सर फोड़ा था

उसे यक़ीन था

'सर' का सर ख़ाली था

काम के लिए एक बाई थी

कामवाली बाई

बाई जी

दोनों एक-दूसरे से कम बोलते थे

बाई जी बहुत गन्दा खाना बनाती थी

ये बात वो बाई जी को नहीं बोल पाता था

डरता था

छोड़ के चली गई तो

वो सब कुछ देख सकता था

अपनी बाई को जानता नहीं।

बाई जी

एक अधपका-सा नाटक

एक और राइट स्वाइप

मैच

लड़की से बात शुरू हुई

दोनों मिले

खाना खाया बाहर

घर पर आए

जो होना था हुआ

उसे अच्छा लगा

अगली सुबह लड़की ने उसे ब्लॉक कर दिया

वो फिर से स्वाइप करने में लग गया

महीने की पाँच तारीख़

उसके अकाउंट में सैलरी आ गई

वो बहुत ख़ुश हुआ

रेंट एल्क्ट्रिसिटी बिल बाई जी को पेमेंट

सब हुआ

उस वीकेंड साँस थोड़ी और तेज़ आई

सोमवार को उसका दम घुटने लगा

घर से फ़ोन आया

क्या रे! भूल गया क्या

दो हफ़्ते हो गए

बात नहीं की

वो 'हम्म', 'हाँ' से आगे नहीं बढ़ा

हाँ, जब फ़ोन आया

तो उसे लगा

शायद पैसों की ज़रूरत हो

उसके घर पर कभी ऐसी कोई ज़रूरत नहीं पड़ी थी

सर के घर एक पूजा थी

वो भी वहाँ गया

वो इतना मुस्कुराया कि

जबड़ा दुखने लगा

फिर सर भी

सर ख़ुश थे

सर दुख रहा था

उसके स्कूल फ्रेंड का फ़ोन आया

दोनों ने कहा

छोड़ देंगे ये जॉब, यार

लेट्स मीट

जल्द ही

पक्का है ना

हम्म

बाय

दोनों पिछले तीन साल से यही कह रहे थे

दोनों कभी नहीं मिलेंगे

ये तय था

वो एक फ़िल्म देख रहा था

टाइम ट्रेवल वाली

उस रात उसको सपना आया

वो 2050 में था

बूढ़ा

ऑफ़िस में बैठा

अब वो 'सर' था

बहुत बड़ा सर

उसकी अभी की उम्र के एक एम्प्लॉई ने कहा

'सर' की सर ख़ाली है

सपना डरावना तो नहीं था

पर वो उठकर बैठ गया

उसको बहुत डर लग रहा था

घर में कॉकरोच हो गए थे

रात को आते

बिलकुल तय वक़्त पर

सुबह चले जाते

बिलकुल तय वक़्त पर

उसने बोला

ये भी ऑफ़िस वाले लगते हैं

फिर

उसका गला भर आया

नेटफ्लिक्स अमेज़न

एचबीओ वूट।

सबका सब्सक्रिप्शन था उसके पास

और भी कई एप

देखता वो सिर्फ़ फनी केट वीडियोज़ था

उसे जो चोट लगी थी

वहाँ से ख़ून बहने लगा

कॉकरोच आए

ख़ून में से बर्ड एक्सेल पीपीटी को पी गए

जहाँ ख़ून गिरा था

अब वहाँ कुछ नहीं था

उसने बहुत दिनों से ख़्वाब नहीं देखे थे

वो ख़्वाब आए

दिल से या दिमाग़ से

पता नहीं

वो ख़्वाब में

यूनिवर्सिटी में था

युवा नेता

छात्र नेता

एम.एन.सी. से ऑफ़र लेटर लेता हुआ नेता

ख़्वाब में किसी ने उसे

उस ऑफ़र लेटर से

कुल सोलह बार मारा

उसे ख़्वाब समझ नहीं आया

हाँ, शायद वो चोट यहीं लगी थी

एक रोज़ वो नहाने गया

तो उसने देखा

गीज़र की जगह वो था

फटने को तैयार

या फट चुका था

शायद वो चोट यहाँ लगी थी

उसी रोज़

ट्रैफ़िक में

कार में बैठे-बैठे

उसके मन का ट्रैफ़िक बह निकला

इतनी तेज़ी से बहा कि

उसको बहा ले गया

शायद वो चोट यहीं लगी थी

पर वो कॉकरोच कैसे आए?

पता नहीं

ऑफ़िस में काम करते-करते

उसके मन को

और उँगलियों को

और दिमाग़ को चोट लगती रहती थी

ऑफ़िस में भी कॉकरोच थे

पर वो अपने-अपने क्यूबिकल में रहते थे

राइट स्वाइप करते-करते

वो वापस वहीं पहुँच गया था

हर डेटिंग एप की पहली लड़की पर

उसके अहम को थोड़ी चोट तो

ज़रूर लगी थी

उसे घर पर बात किये हुए

एक महीना हुआ था

और इत्मीनान से बात किये हुए

सोलह साल और आठ महीने

वो चोट पहुँचाता भी था

उसने सोचा

शायद किसी रात

गिटार ने अपने तारों से मुझे ये चोट पहुँचाई हो

पर वो श्योर नहीं था

चोट कब गहरी हो गई पता नहीं चला

गहरी होती जा रही थी

और गहरी

इतनी कि

कॉकरोच उसमें रह सकते थे

घर वाले भी

ऑफ़िस वाले भी

ऑफ़िस के क्यूबिकल समेत

चोट इतनी गहरी थी कि

राइट-लेफ़्ट स्वाइप नहीं होता था

इतनी गहरी कि

गिटार के तारों से टाँकें देने पर भी

कुछ नहीं हुआ

हाँ, इस दौरान भी

वो लगातार काम करता रहा

और फिर

एक दिन

ना जाने कैसे

उसने तय किया कि

वो इन सब झंझटों से निकल जाएगा।

क्या, कैसे

कुछ पता नहीं

बस निकल जाएगा

वो अपने क्यूबिकल से बाहर निकला

ना जाने क्यों

या जान-बूझकर ही

उसने यूपीआई पिन से बैलेंस चेक किया

कम था

बहुत कम

हफ़्ते के आख़िर में साँस लेना ज़रूरी था

इसलिए बैलेंस कम था

और फिर

उसके अकाउंट में सैलरी आ गई

आज पाँच तारीख़ थी

वो क्यूबिकल में कब वापस बैठा

ये किसी को नहीं पता

कॉकरोच वहाँ क्यों थे

ये भी किसी को नहीं पता

(कलाकार भूमिका निभाना छोड़ देते हैं)

इससे फ़ालतू कुछ नहीं हो सकता

क्यों? बहुत पर्सनल लगा?

नहीं

ये चंक है ही घटिया

अरे, पर हुआ क्या

तो तुम कह रहे हो नौकरी कर रहा है तो कॉकरोच हो गया ये

पागल ही हो क्या तुम

भाई, पैसे ना बहुत ज़रूरी हैं

हम्म

वैसे ये सड़ी बकवास स्टेज पर ही अच्छी लगती है।

हाँ। मेटामॉरफोसिस की घटिया कॉपी लगा मुझे तो ये

बायोलॉजी किधर से आई इसमें?

अरे! काफ़्का के नॉवेल की बात कर रहा है वो

तुम लोग कैसे किसी आदमी को जो नौकरी कर रहा है, कमा रहा है

उसको ऐसा कैसे महसूस करा देते हो बिना कुछ सोचे-समझे।

यार तू भड़क मत, प्लीज़

नहीं यार, अजीब लगा बहुत

सॉरी ना

छोड़

छोड़ दिया।

कलाकार 1 : अनपढ़ हो तुम सब

कलाकार 4 : अब क्या हुआ?

कलाकार 1 : यार तुमने बिमल कृष्ण मातिलाल पढ़ा है।

कलाकार 2 : क्यों

कलाकार 1 : उनकी फ़िलॉसफ़ी से रिलेटेड कुछ करें

कलाकार 3 : बता

कलाकार 1 : बताया तो

कलाकार 4 : नहीं, ये बता क्या लिखा है उन्होंने

कलाकार 1 : अबबाब्ब...

कलाकार 2 : अबे, सुन मेरी बात

कलाकार 3 : तूने ना, कुछ नहीं पढ़ा है

कलाकार 4 : बस बातें बना रहा है ये

कलाकार 2 : साले रोज़ सुबह गूगल कर लेता है बड़ी-बड़ी बातें

कलाकार 3 : और यहाँ आकर पेल देता है

कलाकार 1 : ऐसा कुछ नहीं है

कलाकार 4 : ऐसा ही है

कलाकार 2 : अब तू वो करेगा जो करना है हमें

कलाकार 1 : कर ही रहा हूँ।

कलाकार 2 : अब हम करेंगे कालचक्र

कलाकार 1 : क़सम से बहुत ही ऐमेचर ग्रुप है यार

कलाकार 4 : शुरू करो अब

[चारों मंच पर अलग-अलग दिशाओं में जाकर यंत्रवत शुरू करते हैं]

जहाँ से आए हो लौट जाओ

जहाँ से आए हो लौट जाओ

पर हम तो यहीं के हैं

यहीं से हैं

यहीं से तो आए हैं

लेकिन यहाँ के हम हैं

तुम...तुम कहीं और से हो

तुम कहीं और के हो

फिर इस बात पर लड़ाई हुई

युद्ध हुआ

बातचीत...वो कभी नहीं हुई

कुछ लोग हार गए

वो यहाँ के नहीं थे

हारे हुए कहीं के नहीं होते

उन्हें पता नहीं था वो कहाँ के थे

कहाँ से आए थे

लेकिन अब यहाँ से जाना ज़रूरी था

बेहद ज़रूरी

जो बच गए थे

या जीत गए थे

या दोनों थे

उन्होंने जश्न मनाया।

जैसा हर जश्न में होता है।

यहाँ भी लड़ाई शुरू हो गई।

किसी ने किसी से कहा।

अजी, तुम कौन-सा यहाँ से हो?

जाओ ना तुम भी।

बात बढ़ी।

बातचीत नहीं।

और धीरे-धीरे पता चला कि...

उस वक़्त जो वहाँ मौजूद था...

वो सिर्फ़ और सिर्फ़ ख़ुद ही को...

यहाँ का मानता था

सबसे पहले कहा गया—

यहाँ का ही देखो

टीवी? तस्वीरें? क्या?

सबको बाहर का माना गया।

तोड़ दिया गया।

धर्म से सम्बन्धित कुछ...

लेकिन एक धर्म विशेष ही यहाँ का था।

बाक़ी सबको बाहर का माना गया।

और उनसे जुड़ा सब मिटा दिया गया।

हाँ, ठीक है तो...

जो मुख्य धर्म विशेष है...

उससे जुड़ा सब देखो...

पर उनको वो ही लोग देख सकते थे...

जो यहाँ के थे...

जो इस धर्म का था...

बहुत ऊँचा-ऊँचा था...

एक सीढ़ी थी।

उस पर चढ़कर देखना था।

लेकिन सिर्फ़ ऊपर के लोग ही देख पाते थे।

नीचे वाले नहीं।

और नीचे वाले ऊपर वालों को भाते नहीं थे।

नीचे वालों को यहाँ का नहीं माना गया।

और निकाल दिया गया।

कुछ दिन बाद ऊपर वालों में लड़ाई हुई।

असल में सीढ़ी पर हक़ किसका था।

लड़ाई-लड़ाई में जो देखना था।

वो तोड़ दिया गया।

सीढ़ी सँभाल के रख दी गई।

पता चला...

बहुत सारी सीढ़ियाँ सँभाल के रखी गई हैं।

मिल, इंडस्ट्री, दुकान—ये सब विचार किसके थे?

सबको बन्द किया गया।

मशीनें किसने बनाईं?

वो भी बन्द की गईं।

अब कुछ नहीं बनता था।

अब कुछ नहीं बिकता था।

जो जीव-जन्तु, पशु-पक्षी यहाँ के थे।

यहाँ के मतलब, यहाँ की सबसे पुरानी कहानियों का हिस्सा थे।

उनको छोड़ कर सबको मार दिया गया।

कीड़े-मकोड़े भी नहीं छोड़े गए।

अब सिर्फ़ वही जानवर थे...

जिनको रहना था।

उन्हीं की आवाज़ें सुनाई देती थीं।

कुछ दिनों के बाद ये जानवर भी मर गए।

बस मर गए।

शायद बाक़ी जानवरों की याद में!

कुछ लोगों ने कहा नेचर में इम्बैलेंस की वजह से मरे हैं।

उन लोगों को मार दिया गया।

सबसे पहले एक-दो किताबों को जलाया गया

ज़्यादा नहीं, सिर्फ़ एक-दो।

फिर एक, दो स्कूल को।

ज़्यादा नहीं, सिर्फ़ एक-दो।

फिर पता नहीं कैसे...

सारी किताबें, सारे स्कूल जल गए।

पढ़ना जल गया।

पढ़ाई जल गई।

वर्णमाला-अल्फाबेट।

जले नहीं...

पर...

ख़त्म हो गए

सारे घर, गलियाँ, मोहल्ले, गाँव, क़स्बे, शहर, तहसीलें, ज़िले, राज्य और देश...

पहली बार एक साथ आए...

एक हुए...

और कहा...

युद्ध ज़रूरी है।

फिर युद्ध हुआ।

सब जल गया।

सब ख़त्म हो गया।

क्यों हुआ?

पता नहीं।

जो जहाँ के थे...

वो चले...

जले हुए घर, गलियाँ, मोहल्ले, गाँव, कस्बे, शहर,
तहसीलें, ज़िले, राज्य और देश से

जलते हुए घर, गलियाँ, मोहल्ले, गाँव, कस्बे, शहर,
तहसीलें, ज़िले, राज्य और देश की ओर

जीते हुए लोग

हारे हुए लोग

जीते हुए लोग

पीछे छोड़ कर

मरे हुए लोग

सब चल रहे थे

चल ही सकते थे

क्योंकि

अगर नहीं चलते तो वहाँ कैसे जाते

जहाँ के थे

और चलना ही था

क्योंकि

बहुत पहले ही

प्लेन गिरा दिये गए थे

ट्रेनें रोक दी गई थीं

बसें जला दी गई थीं

वो लोग किस वक़्त चले थे

वो समय नहीं बताया जा सकता

समय अब नहीं था

घड़ियाँ तोड़ दी गई थीं

कैलेंडर पता नहीं किसने बनाए थे

उनको काम में लेना बन्द कर दिया गया था

जो चले

वो समझते थे

नोटों-सिक्कों का अब कोई मोल नहीं था

तो

उन्होंने सोचा

खेती कर लेंगे

रास्ते में

जहाँ रुकेंगे

फसलें उगाएँगे

लेकिन कहाँ

कोई भी ज़मीन उनकी नहीं थी

किसी की नहीं थी

थोड़ा आदान-प्रदान हुआ चीज़ों का

फिर वो चीज़ें भी ख़त्म हो गईं

फिर

जो भाले लड़ाई के लिए थे

भाले ही बचे थे

बाकी सारे हथियार चला दिए गए थे

सारे के सारे

तो भाले

शिकार के काम आए

जो यहाँ के नहीं हैं

उनसे बात मत करना

जो शब्द हमारे नहीं हैं

मत कहना

किसी और की भाषा

मत बोलना

धीरे-धीरे सब चुप होने लगे

भाषाओं से उलटा चलते-चलते

वो इशारों तक पहुँचे

और फिर

उन आवाज़ों तक

जो जानवर निकाला करते थे

धर्म, रिलिजन, मज़हब-जैसा अब कुछ नहीं था

या था

पता नहीं था

वो लोग पेड़-पौधों, सूरज, पानी

इन सब के शुक्रगुज़ार थे

चलना जारी था

वो सब चलते-चलते

समंदर किनारे पहुँचे

जो बच गए थे वो

क्योंकि

रास्ते में जो बीमार पड़े

मर गए

क्योंकि

अस्पताल धुआँ हो गए थे

दवाइयाँ नालियों में बहा दी गई थीं

कुछ पेड़-पत्तों-जड़ों से इलाज़ करने की कोशिश की गई थी

पर

वो वहाँ किसने उगाए थे

कौन जानता था

तो उन पेड़-पौधों-जड़ों को

मिटा दिया गया

हाँ, तो

समन्दर किनारे डोंगियाँ बनाई गईं

कुछ तुरन्त डूब गईं

कुछ गहरे में

कुछ और डूबीं

कुछ गिनी-चुनी उस पार लगीं

जो लोग पार लगे

उनके बदन के कपड़े फट गए थे

चिथड़े थे

वो चिथड़े जिनको उन्होंने हाथों में सँभाल रखा था

फिर चिथड़े भी नहीं रहे

तो बड़े-बड़े पत्तों से बदन ढकने की कोशिश की गई

पत्तों ने ज़्यादा मदद नहीं की

तो अब

वो लोग नंगे थे

बिलकुल नंगे

नदियाँ, नाले, पर्वत, समन्दर

सर्दी, गर्मी, धूप, पानी

सब पार करते हुए वो वहाँ पहुँचे

ये बचे-खुचे लोग

गुर्राते हुए

नंगे

एक गुफा के सामने पहुँचे

वो फिर उस गुफा में रहे

बिजली कड़कती तो वो डरते

गुफा की दीवार से पानी रिसता तो पीते

छोटे कीड़े-मकोड़े खाते

पर गुफा से बाहर नहीं निकलते

वो वहाँ पहुँच गए थे

जहाँ के वो थे

अब?

अब?

हमें और कुछ भी कहना चाहिए ना

हाँ, शायद

ना

पता नहीं

फिर भी

कुछ कहना चाहिए

नाटक का अन्त हो जिससे

[चुप्पी]

चुप्पी

खालीपन

खोखलापन

अर्थहीन

लफ़्ज़

बातें

महज़ बातें

सारहीन

रिक्त

इन्कोहेरेंट!

एब्सर्ड

इन्कॉन्सिक्यूएंसियल

वेन

प्वाइंटलेस

निरर्थक

छूछा

तत्त्वहीन

सत्त्वहीन

शून्य

भोथरा

ये सब क्यों बोला अभी हम ने?

यही आया दिमाग़ में

यही लगा

ये नाटक के बारे में?

या हमारे

अरे, थॉट्स हैं हमारे

ऐसे?

इस वक़्त

पक्का?

कलाकार 1 : छोड़ो यार।

कुछ देखते हैं नेत्फ्लिक्स पर।

लाइट?

बन्द कर दो।

नहीं। रहने दो थोड़ी देर।